Nawal El Saadawi
The Day Mubarak Was Tried /
Der Tag, an dem Mubarak der Prozess gemacht wurde /
يوم محاكمة مبارك

dOCUMENTA (13)

HATJE
CANTZ

Egypt's former president Hosni Mubarak lies on a stretcher as he is wheeled into a courtroom in Cairo on September 7, 2011. Mubarak's trial resumed off camera with witnesses giving testimony to try to determine who gave the orders for the killing of hundreds of protesters in the revolt that ousted Egypt's veteran president.

Ägyptens ehemaliger Präsident Hosni Mubarak wird am 7. September 2011 auf einer Krankenbahre liegend in einen Kairoer Gerichtssaal geschoben. In Mubaraks Gerichtsverhandlung, die ohne Kameras stattfand, werden Zeugen befragt, um herauszufinden, wer die Befehle für die Ermordung von Hunderten Demonstranten in den Massenprotesten, die zu dem Sturz des altgedienten Präsidenten führten, erteilte.

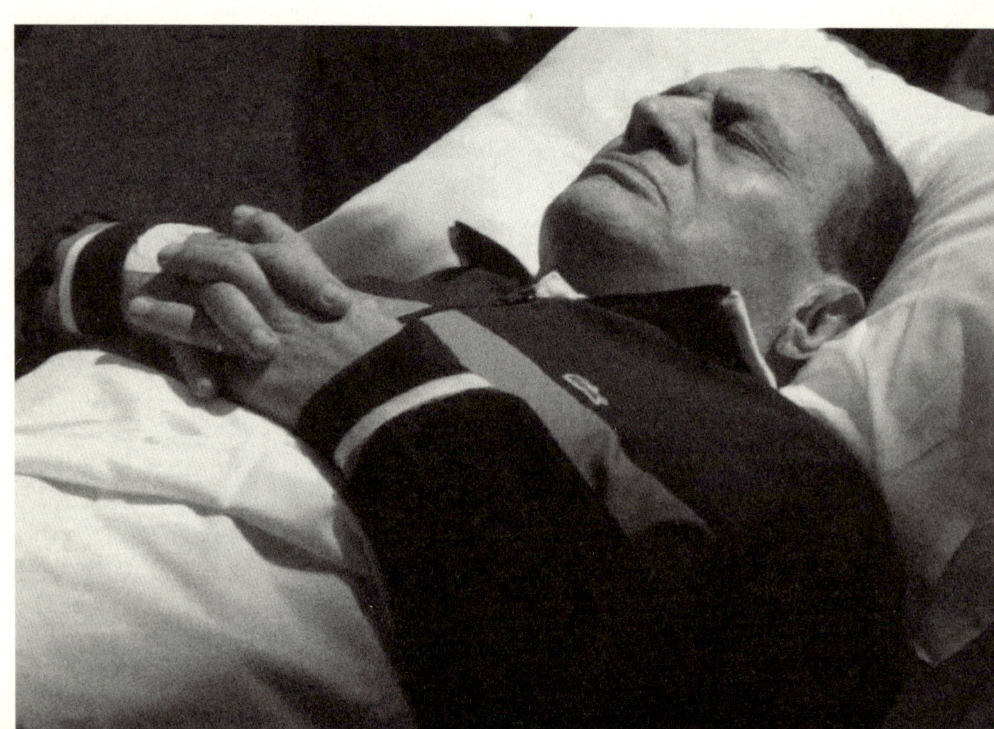

Nawal El Saadawi

*The Day
Mubarak Was
Tried / Der Tag,
an dem Mubarak
der Prozess
gemacht wurde /*

يوم محاكمة مبارك

Nawal El Saadawi
The Day Mubarak Was Tried

Cairo, August 3, 2011

I lie in bed, my eyes wide-open in the darkness. The air is hot and heavy with humidity and dust. I try in the dimness to remember where I am. Sad memories emerging from the deep recesses of my mind inexplicably surface along with flashes of childish, mysterious joys.

I fumble numbly for the lamp, but the electricity is cut off. Satellite communications were also shut down at one point, on the orders of his Excellency the Supreme President Mohamed Hosni Mubarak. This sacred military decision had been issued in secret. Fate was on his side; it helped by sending dark clouds the color of frozen lead or liquefied tar to conceal the light of the moon and the stars on that day. The tar and asphalt of the streets sometimes melt under the blazing sun, apparently creating a substance that was slipped into the imported cans of tomato paste.

Ever since President Mohamed Anwar Sadat was in office, Egypt's rulers have used their first name, Mohamed, in a bid to become the honored prophet or the flawless god who is above human law. In addition, they gave themselves the title of father of the sacred family.

A faint ring gasps in my ears. My semi-numb hand cannot reach the telephone on the bedside table. Light filters through the gaps in the firmament allowing a calf's head to appear. During the era of Ramsis II, the calf carried the name of Ibis, the sacred god with a single eye. It was an eye without lids or lashes, and it stayed open to watch over the people all the time.

I open my eyes with terror, like an animal that has just been beaten on the back. The water in my eyes smells like blood and overflows onto my nightgown and bedsheet. It is hard to tell the difference between my eyes being open or closed. I am reminded of the thin line between my childish fear of hell after death and the chronic desire since the time of Eve to taste forbidden pleasures. I'm shaken out of my sleepy state by my friend's voice over the phone line, "The trial, Nawal. It's on TV!"

The television set has been broken since Sadat's open-door era. It was left in a deserted room, accumulating dust and spiders. I tried without success to fix it during Mubarak's democratic age. But the moral sense of the working classes seems to have disappeared along with the ethics of the ruling elite. The technician, who called himself an "engineer" and arrived to fix my television set with a shiny American briefcase, charged threefold the regular fee. With his magic fingers, he managed to revive the dead set. But no sooner did he go away carrying his briefcase and his title than the set slipped back to its original lifeless state.

I had the feeling that I was responsible for the broken set as well as for all the corruptions of the world. Throughout my life, I always imagined that I was to blame for all the wrongs plaguing the universe and the ruling regime. When a piece of my flesh was cut off with a knife, I imagined that it was my fault, the sin preserved on the tablets, which I must have committed in this life or some other life, with my own hands or the hands of fate.

So I attributed all my mistakes to fate, which I believed was stronger than me and all humanity. I was vaguely and inexplicably conscious since childhood that I dropped into this world at the wrong place and time. The place carried the sacred name of the homeland while the time was even more sacred because it carried the name of God. My chief sin was that nothing seemed sacred in my eyes. I often tried to atone for my sinfulness by abstaining from food, drink, and sex, and by avoiding the pleasures of both body and mind. Only the pleasures of the spirit, however, were permissible and they were called "happiness" (not pleasure). Happiness is a feeling that is disconnected from the body, mind, place, and time. In other words, it is nonexistent.

After brushing off sleep, I discover that I am in fact eighty years old. But my astonishment soon disappears like all the previous astonishments in my life. As a child I was trained to accept the loss of astonishment for fear of losing the precious membrane that preserves honor. When I was three years old, I saw my Turkish-Egyptian grandmother listening to the radio (the radio was two years older than me). My grandmother repeated what was broadcast on the radio. She sang along when the song glorifying King Farouk was broadcast on the radio: "King of the land, lovely Farouk, apple of our eyes." She reiterated all the views expressed on the radio: "Because God Almighty preferred men to women, He created a special membrane to preserve women's honor but left men without one." I asked myself: "If God preferred men to women, why didn't He give them an honor-preserving membrane as well?"

Before I'm completely awake, her voice comes to me. Yosreya, my friend since primary school, is my only surviving childhood friend. The average age of people in this country is some twenty years below her age and mine. "Switch on your TV, Nawal. It's Mubarak's trial!"

Wednesday, August 3, at 9 am. I get up and switch on television. Although it is officially out of order, it suddenly comes back to life. An extraterrestrial force seems to be at work in state television, for the screen is full of lights, noise, and dust as well as so many feature-less faces. I look for the face of the singular god. Can Mubarak be tried? At Tahrir Square during the early days of the revolution (from January 25 to February 11) everybody was filled with doubt. Would Mubarak step down? Would the god present his resignation?

Five years ago (in the summer of 2006) I published a play titled *The God Presents His Resignation at the Summit Conference.* The price I paid for this publication was three miserable years in exile and forty-five more miserable years in marriage. A court case was filed against me to withdraw my Egyptian nationality. Luckily for me, the lawyer managed to prove that his Excellency President Mubarak was not the god referred to in the play. An innocent verdict was passed two years later, in May 2008.

I try to look for his Excellency's face behind the bars, but like the gods he hides behind a white cloud or a column of smoke, for gods don't appear to human eyes.

Pharaoh's prestige requires him to turn into a soul that soars high above body, mind, and the five senses. But the clouds disperse a little, revealing a threatening, wide-open pair of eyes, half an aquiline nose, and a full lower lip. He extends his lip engorged with the pleasures of life in contempt of the whole world. A sarcastic smile escapes from the corner of the eye, as though a spirit were hovering around his nostrils that were dilated with astonishment. He looks around as though astounded by everything while being at the same time entirely unaffected by anything. Such is the paradoxical attitude of gods who are completely beyond and above censure.

His eyes don't have the look of a person accused of killing thousands of people, pilfering billions of pounds, or starving half his population while terrorizing the other half. It's the look of a god whose watchful eyes never sleep, the god of good and evil, who wields death and life and gives to whomever he chooses and deprives others from the joys of this life and the hereafter.

The author of the trial scene makes Mubarak lie in his sickbed. He makes him enter the cage and leave it on a stretcher. But Mubarak's eyes uncover the theatrical trick. His Pharaoh's eyes would sentence us all to death if he were allowed to walk out a free man. But he still holds the key to his golden cage, which reminds me of the folk-song lyric, "Let them steal the box, Mohamed, for I still keep the key." It is as though we, who are watching him, are the guilty ones inside the cage, locked up in front of the old TV set that is well trained in deception. We watch the trial as though we were watching a badly scripted Ramadan drama designed to entertain people during the fasting month. Tears well up in the eyes of kindhearted people, people who are used to trusting those in power who control their destiny. A person standing among the congregation shouts, "May God be with you." Crowds of radical Salafis cry out loud, "Let bygones be bygones."

The scriptwriter brings the Holy Book on purpose into the courtroom. According to its principles, God forgives all sins except the sin of worshipping other gods. His Excellency is a believer and has faith in the One and Only God. He fasts and stands in line to pray behind the Grand Sheikh, as did the faithful President Sadat and the good King Farouk I before him, who became the Muslim Caliph. The celebrated singers Om Kalthoum and Abdel Wahab sang for Farouk. Writers for the Egyptian newspaper *Al-Ahram* raised him to the status of a god until he was ousted in 1952 by the 23 July Revolution and demoted to the level of demons. They did the same with Nasser, Sadat, and Mubarak. Those who flattered Mubarak were awarded the Great Mubarak Prize on the Day of Literature and Creativity. After the revolution on January 25, 2011, he was reduced from a war hero, who emerged victorious from the October War, to a dictator, who stole Egyptian people's wealth, endorsed corruption, and killed protestors.

My friend always calculates her exact age and mine not only in years but also in days, hours, and even minutes. As she sips her wine, she sometimes shouts out, "This beautiful moment is worth all the eighty years of our life, Nouna." She often calls me Nouna after she has had a drop of wine. She once heard my mother call me by that name. Otherwise she would extend her lips and call me by my first and last names. Saadawi is the name of my grandfather who died before I was born. I inherited his name as I inherited the heavy butt of my ancestors. It wasn't a matter of choice.

Since childhood, my friend has always been a virus of delight, spreading joy throughout the universe. During the night the tumor in my breast grows larger, but she can make it vanish. As I get older, the nights become longer and the pleasures are as distant as the stars. From beneath my pillow the picture strip of my life emerges. A hoarse, Satan-like voice scolds me. "So you wanted to change universal order, did you? Haven't you lost your entire life writing? Haven't you come out of your mother's womb as an old woman, sacrificing the pleasures of the body for those of the mind? What utter nonsense!"

I tell my friend about these hallucinations, and her playful laugh rings in my ears.

"We've lived, Nawal, double the time assigned to us and our mothers. Both your mother and mine died young because of excessive sex and a dozen kids. Both died half a century, two years, and twenty minutes younger than us. You and I have triumphed over death for forty years and five days. We have surpassed by twenty years and a half the average age expected in our birthplace. Aren't you happy, Nawal?"

I laugh heartily at the extra life I have gained. Since childhood, my friend has never uttered the word "homeland" but calls it "birthplace." She explains the difference between the two words. "Our place of birth is a location that we haven't chosen, but a homeland is a place we choose with our own free will."

"So where is the homeland of our choice, my friend?"

"Women with minds of their own have no homeland." Before hanging up, she says, "Our life as women begins after the age of eighty and forty minutes. Today we'll celebrate your birthday. I have a new love story for you."

I used to live in a small flat consisting of two rooms, a lounge, a kitchen, and a bathroom. It had a balcony overlooking the Nile. The sunlight came through all the windows of the flat, which was a boon in winter but a curse in summer, especially in August. I always fell in love in August only to discover in October that it had all been a fantasy. Now only the blazing heat scorches my butt as I sit to write in summer. Writing has aged me and curved my back.

I used to go for walks along the Nile bank in the shade of trees. Love becomes possible when you feel the Nile's gentle breeze. Ecstasy seeps into my body and I fall in love, for love drops on us as unexpectedly as fate. But it vanishes spontaneously under the effect of stronger hammers. How many women writers commit suicide in springtime? In autumn they also commit suicide and life vanishes as quickly as a dream. Then comes winter, my favorite season. My friend calls me a winter woman born without a real father on top of a snowcapped mountain. Are there unknown fathers in the north as there are in the south?

With the arrival of winter, I always feel hungry for something mysterious, but not love. A huge empty chamber inside my heart is suddenly filled with blood. The cool air touching my hot blood is as soft as the expensive woolen coat hugging me. It conjures up the lovely warmth of the fireplace, the cracking open of pistachios and chestnuts and sips of fine wine. Only those who have well-insulated homes, expensive woolen coats, trees to cut for logs, saunas, massage parlors, and walks on the riverbank underneath the drizzle of rain crave love in winter.

The first act of Mubarak's trial ends in the blazing heat of the day. Enraged, people are no longer waiting for the second act. The ending of the badly made play was already known to the spectators before it even started. "They're planning to get him out of this as clean as a new pin," says my friend, "to prove that he's as innocent as a lamb."

"If strength and not justice is the determining factor, then natural law will prevail over truth. Justice has to be totally blind," I say.

I have never been a pessimist. At the height of despair, gleams of childish, mysterious hope often light up my life. With the enthusiasm of a ten-year-old girl, I say to my friend, "The revolution will succeed in spite of the hostility of the superpowers in heaven, beyond the sea, or inside our birthplace. The power of the organized millions will win as it had done before in Tahrir Square. Could anybody have imagined then that the god would quit or resign?"

Nawal El Saadawi (b. 1931) is an Egyptian feminist writer, novelist, activist, physician, and psychiatrist living in Cairo.

Nawal El Saadawi
Der Tag, an dem Mubarak der Prozess gemacht wurde

Kairo, 3. August 2011

Ich liege mit offenen Augen im Dunkeln auf meinem Bett. Die Nacht ist heiß, feucht und staubig. In der Düsterheit versuche ich mir darüber klarzuwerden, wo ich bin. Traurige Erinnerungen aus den Tiefen meines Unterbewusstseins flackern auf; seltsamerweise zusammen mit Momenten der grundlosen Freude eines Kindes.

Im Halbschlaf tastet meine Hand nach der Lampe, doch die Stromversorgung ist unterbrochen. Das Gleiche gilt für die Satellitenübertragung, die ist im Namen Seiner Exzellenz – Präsident Mohammed Hosni Mubarak – gekappt worden. Der hat nämlich heimlich den heiligen militärischen Befehl dazu erteilt. Der Himmel half und ließ Mond und Sterne unter dunklen Wolken verschwinden. Sie waren grau wie festes Blei oder wie flüssiger Asphalt. Teer und Asphalt schmelzen manchmal in der brennenden Sonne auf den Straßen zu einer Substanz, die importierter Tomatensoße beigemengt wurde.

Seit der Präsidentschaft Mohammed Anwar Sadats nennen sich alle Herrscher Ägyptens Mohammed und hoffen, damit zum höchsten Propheten oder zur unfehlbaren Gottheit zu werden. Außerdem gaben sie sich den Titel »Der große Vater der Heiligen Familie«.

Ein zartes Klingeln dringt an mein Ohr. Meine noch schlafende Hand kann das Telefon auf dem Nachttisch nicht erreichen. Ein feines Licht dringt aus himmlischen Kuppeln, aus denen ein Rindskopf schaut, der zur Zeit Ramses' II. den Namen Ibis trug. Die damals verehrte Gottheit hatte nur ein offenes Auge ohne Lid oder Wimpern, das über das Volk wachte und nie schlief.

Ich öffne die Augen und schrecke hoch wie ein Tier, dem man auf den Rücken schlägt. Die Heimsuchung hat den Geruch von Blut und überschwemmt mich, mein Nachthemd und mein Betttuch. Langsam verschwimmt der Abstand zwischen offenem und geschlossenem Lid, wie der zwischen der Angst meiner Kindheit vor dem Höllenfeuer und der chronischen verbotenen Lust, die es seit Eva gibt. Die Stimme meiner Freundin am Telefon holt mich aus meinem schlaftrunkenen Zustand: »Der Prozess gegen Mubarak! Nawal, mach den Fernseher an.«

Mein Fernseher ist seit der Zeit der Wirtschaftsöffnung unter Sadat kaputt. Er wurde in einem unbenutzten Zimmer abgestellt, und Staub und Spinnweben haben sich auf ihm angesammelt. Während der, angeblich demokratischen, Periode unter Mubarak habe ich versucht, ihn reparieren zu lassen, aber ohne Erfolg. Das Gewissen der arbeitenden Klasse ist nämlich ebenso geschwunden wie das der herrschenden. Zwar kam ein Arbeiter zu mir nach Hause, der nannte sich »Ingenieur«, trug eine glänzende amerikanische Tasche und verlangte dreimal so viel Geld wie üblich. Wie durch Zauberhand erweckte der Mann das tote Gerät wieder zum Leben. Doch kaum war er mit seiner schimmernden Tasche verschwunden, erstarb das Gerät aufs Neue.

Mich überkam das Gefühl, dass ich für die Verderbnis des Geräts wie auch die des Ortes und jener der Zeit verantwortlich sei. Seit meiner Geburt habe ich das Gefühl, dass ich an allen Fehlern, die das Universum und das Regime heimsuchen, schuld bin. Als sie mir in meiner Kindheit mit dem Messer ein Organ abschnitten, war ich überzeugt, dass ich die Schuld daran trüge, weil ja die Sünde klar auf Tafeln steht. Ich musste sie in meinem Leben oder in einem anderen Leben begangen haben; mit meinen eigenen Händen oder denen des Schicksals.

Und so stellte ich eine Verbindung zwischen allen meinen Sünden und dem Schicksal her – einfach, weil es stärker als ich selbst und die gesamte Menschheit war. Schon in meiner Kindheit sickerte das Gefühl in mich ein, dass ich zur falschen Zeit am falschen Ort geboren sei. Der Ort trug den Namen »Heilige Heimat«, und die noch heiligere Zeit trug den Namen »Gott«. Meine schwerste Sünde damals war, dass für mich nichts heilig war. Um mich davon zu heilen, verbot ich mir selbst Essen, Trinken, Sex und jegliches Vergnügen für Körper und Geist. Aber meine Seele bescherte mir etwas, das ich Glück nannte (nicht Lust), ein Gefühl, das weder mit dem Körper noch mit Verstand, Ort oder Zeit zu tun hat. Es gibt es also gar nicht.

Noch bevor ich mir den Schlaf aus den Augen gerieben hatte, ent-
deckte ich, dass ich achtzig Jahre alt geworden war. Erst wunderte ich
mich, doch dann ließ dieses Erstaunen wie jedes andere zuvor nach.
Schon als Kind wurde ich aus Angst vor dem Verlust des Organs der
Ehre dazu erzogen, den Verlust jeglichen Erstaunens zu akzeptieren.
Als ich drei Jahre alt war, sah ich meine türkisch-ägyptische Großmut-
ter Radio hören (das Gerät war zwei Jahre älter als ich). Sie plapperte
alles nach, was im Radio gesendet wurde, und sang alle Lieder mit,
auch das zur Glorifizierung von König Faruk: »Landeskönig, du Sü-
ßer, unser Augapfel!« Sie wiederholte alle Ansichten, die sie gehört hat-
te, auch den Satz: »Gott der Allmächtige zieht die Männer den Frauen
vor und hat deshalb im Körper des Mädchens das Organ der Ehre
geschaffen, im Körper der Jungen hingegen keines.« In meinem Kopf
schwirrte die Frage, warum Gott, wenn Er die Jungen wirklich lieber
hatte als die Mädchen, ihnen kein Organ der Ehre gegeben hatte?

Noch bevor ich richtig wach bin, dringt die Stimme meiner Freun-
din Yusriya an mein Ohr. Yusriya ist die einzige meiner Freundinnen
aus Kindertagen, die noch lebt; durchschnittlich sind in unserem
Land die Leute zwanzig Jahre jünger als wir beide. »Der Prozess ge-
gen Mubarak, Nawal! Mach den Fernseher an!«

Mittwoch, 3. August, 9 Uhr morgens. Ich stelle den Fernseher an;
zwar war er offiziell kaputt, doch funktioniert er plötzlich wieder. Of-
fenbar wird das Staatsfernsehen von himmlischen Mächten dirigiert,
denn die Mattscheibe füllt sich mit Lichtern, Lärm, Staub und vielen
Gesichtern. Ich suche das der Einen Gottheit. Kann eine Gerichtsver-
handlung gegen sie stattfinden? Gegen Mubarak? In den ersten Tagen
der Revolution (vom 25. Januar bis zum 11. Februar) bezweifelten
auf dem Tahrir-Platz viele, dass er abdanken würde. Mubarak? Kann
eine Gottheit den Dienst quittieren?

Vor fünf Jahren (im Sommer 2006) habe ich ein Theaterstück mit
dem Titel *Die Gottheit quittiert ihren Dienst während des arabischen
Gipfeltreffens* veröffentlicht. Für diese Publikation zahlte ich mit drei
harten Exiljahren und fünfundvierzig noch härteren Ehejahren. Zu-
dem sollte mir die ägyptische Staatsangehörigkeit entzogen werden.
Zum Glück konnte der Anwalt beweisen, dass die Gottheit im Stück
nicht Seine Exzellenz Mubarak sei. Im Mai 2008 erklärte mich das
Gericht für nicht schuldig.

Hinter dem Gitter des Gerichtskäfigs suche ich nach dem Gesicht
Seiner Exzellenz. Aber wie das einer Gottheit verblasst es hinter einer
weißen Wolke oder einer Rauchsäule, denn eine Gottheit erscheint
dem menschlichen Auge nicht.

Die Würde der pharaonischen Gottheit verlangt, dass sie ganz Seele
sei, die sich über den Verstand, die fünf Sinne und den Körper erhebt.
Doch dann treibt die Wolke etwas auseinander und lässt ein halbes

bedrohlich aufgerissenes Auge, eine halbe Adlernase und eine volle
Unterlippe sehen. Die genießt das Leben und verachtet die Welt. Aus
den Augenwinkeln tropft ein zynisches Lächeln, als würde ein Geist
um seine Nasenlöcher schweben, die sich vor Verwunderung weiten.
Er wundert sich über alles und gleichzeitig über nichts. Das scheint
widersprüchlich, aber eine Gottheit ist über jeden Zweifel erhaben.

In seinen Augen liegt nicht der Blick von einem, der angeklagt ist,
Tausende getötet, Millionen geraubt, die halbe Bevölkerung ausge-
hungert und die andere Hälfte terrorisiert zu haben. Vielmehr schläft
er, wie die wachende Gottheit, nie. Er ist eine Gottheit des Guten und
des Bösen, die Leben erschafft und tötet und manchen von den Freu-
den des Dies- und Jenseits abgibt, die er anderen vorenthält.

Der Autor der Verhandlungsszene legte Mubarak aufs Kranken-
bett. Er zog ihn darauf in den Käfig und wieder hinaus. Doch sein
Blick verriet den schauspielerischen Betrug. Seine Pharaonenaugen
verurteilten uns alle zum Tode, sollte er für nicht schuldig erklärt wer-
den. Er besitzt nach wie vor den Schlüssel zu seinem goldenen Käfig
(was mich an das Volkslied erinnert: »Sie haben die Truhe gestohlen,
Mohammed, aber ich habe den Schlüssel!«), so als wären in Wahrheit
wir Zuschauer die Beschuldigten im Käfig, eingeschlossen vor dem
alten Fernsehapparat, der die Flunkerei nur zu gut kennt.

Wir verfolgen den Prozess, wie wir die oberflächlichen Serien im
Ramadan anschauen, die uns beim Fasten unterhalten sollen. In den
Augen des gutherzigen Volkes, das es gewohnt ist, den Herrschern zu
vertrauen, glänzen Tränen auf, und einer aus der Menge ruft: »Gott
sei mit dir!« Mengen von radikalen Salafisten schreien es heraus:
»Lasst die Vergangenheit ruhen!«

Der Drehbuchautor führt sodann mit Kalkül den Koran in die
Gerichtsszene ein. Laut dessen Prinzipien verzeiht Gott alle Sün-
den außer jener der Vielgötterei. Seine Exzellenz hat immer an den
Einen und Einzigen Gott geglaubt. Er fastet und betet am Freitag
in der Moschee direkt hinter dem Großscheich, genau wie es der
gläubige Präsident Sadat und der rechtschaffene König Faruk I.,
der Kalif der Muslime, vor ihm taten. Für Letzteren sangen die
Stars Umm Kulthum und Mohammed Abdelwahab, und große
Journalisten der ägyptischen Zeitung *Al-Ahram* erhoben ihn zur
Gottheit, bis er bei dem Coup vom 23. Juli 1952 gestürzt wurde
und sie ihn als einen Dämon auf den Boden zurückholten. Das
Gleiche machten sie mit Nasser, Sadat und Mubarak. Wer Letz-
terem huldigte, erhielt beim Fest für Literatur und Kreativität den
Großen Mubarak-Preis. Nach der Revolution vom 25. Januar 2011
degradierten sie den siegreichen Helden des Oktoberkrieges zum
Diktator, der das Geld des Volkes gestohlen, die Korruption einge-
führt und Demonstranten getötet hatte.

Meine Freundin berechnet unser beider Alter immer auf Jahre, Tage, Stunden und sogar auf die Minute genau. Während sie vom guten Wein trinkt, jauchzt sie vor Freude: »Dieser schöne Moment ist alle unsere achtzig Lebensjahre wert, Nouna.« Sie nennt mich oft Nouna, Kleine, wenn sie Wein trinkt. Sie hat früher einmal gehört, wie meine Mutter mich so rief. Sonst spitzt sie die Lippen und nennt mich bei meinem Vor- und Nachnamen. Der Nachname ist von meinem Großvater Saadawi, der starb, bevor ich geboren wurde. Seinen Namen erbte ich zwangsläufig, genauso, wie ich von meinen Ahnen mein schweres Gesäß geerbt habe.

Seit unserer Kindheit ist meine Freundin ein Quell der Heiterkeit, einer Heiterkeit, mit der sie das ganze Universum infiziert. Ihre Freude ist ansteckend wie ein Virus. Den Tumor, der nachts in meiner Brust wächst, bringt sie zum Schwinden. Mit dem Älterwerden wird die Nacht länger, während die Lust fern wie die Sterne ist. Unter dem Kopfkissen spielt der Film meines Lebens, und eine heisere Stimme, die der des Teufels gleicht, schimpft mit mir: »Du wolltest also die Weltordnung umkrempeln? Und hast dein ganzes Leben mit Schreiben verschwendet? Bist als Alte aus dem Bauch deiner Mutter gekrochen und hast die Lust des Körpers dem Glück des Geistes geopfert? Was für ein Unsinn!«

Meine Freundin hört sich an, wie ich das erzähle. Sie lacht hell auf und sagt: »Wir haben doppelt so lange gelebt, Nawal, wie uns und unseren Müttern bestimmt war. Unser beider Mütter sind jung an zu viel Sex und einem Dutzend Kindern gestorben, als sie ein halbes Jahrhundert, zwei Jahre und zwanzig Minuten jünger waren als wir jetzt. Wir haben vierzig Jahre und fünf Tage lang über den Tod triumphiert und das Durchschnittsalter unserer Geburtsstätte um zwanzigeinhalb Jahre übertroffen. Freut dich das nicht, Nawal?«

Ich lache fröhlich über mein verlängertes Leben. Seit ihrer Kindheit sagt meine Freundin nie »mein Land«, sondern immer »Stätte meiner Geburt«. Sie erklärt mir den Unterschied der beiden Ausdrücke: »Die Geburtsstätte ist fix, aber mein Land kann ich frei wählen.«

»Und welches ist dein Land, meine Freundin?«

»Natürlich gibt es für Frauen mit eigenem Verstand kein Land.« Bevor sie auflegt, sagt sie noch: »Das Leben der Frau beginnt im Alter von achtzig Jahren und vierzig Minuten. Heute Abend feiern wir deinen Geburtstag. Ich habe eine neue Liebesgeschichte für dich.«

Ich lebte früher in einer kleinen Wohnung, die aus zwei Zimmern, Stube, Küche und Bad bestand. Der Balkon ging auf den Nil hinaus. Die Sonne schien durch alle Fenster hinein; das war gut im Winter, aber lästig im Sommer. Vor allem im August, und da war ich immer verliebt. Im Oktober merkte ich dann jedes Mal, dass es gar keine Liebe gewesen war und nur die große Hitze mich entflammt und verjüngt hatte. Das Schreiben hat mich altern lassen und meinen Rücken gekrümmt.

Ich stehe auf, um an der Corniche unter den Bäumen spazieren zu gehen. Liebe wird mit der feinen Nilbrise möglich. Mein Körper berauscht sich, und ich liebe einfach. Wir verlieben uns unerwartet und schicksalhaft. Wie viele Schriftstellerinnen bringen sich im Frühling um? Auch im Herbst, weil das Leben rasch wie ein Traum vergeht. Jetzt kommt der Winter – meine liebste Jahreszeit. Meine Freundin nennt mich Winterfrau, auf einem schneebedeckten Berg ohne einen wirklichen Vater geboren. Gibt es im Norden unbekannte Väter wie im Süden?

Immer wenn der Winter kommt, ergreift mich ein seltsamer Hunger nach etwas Unbekanntem, aber nicht nach Liebe. Eine große leere Kammer mitten in meinem Herzen ist plötzlich von heißem Blut überschwemmt, doch ein kühler Hauch streicht darüber hinweg, weich wie der dicke Mantel, in den geschmiegt ich vor einem kleinen Ofen sitze, Pistazien und Maronen knabbere und gut gelagerten Wein trinke. Niemand sehnt sich im Winter nach Liebe, außer denen, die Häuser mit gut isolierten Fenstern und teure Wollmäntel haben, die Bäume für Feuerholz, Dampfbäder, Saunen und Massagesalons besitzen und im Sprühregen zum Strand gehen.

Der erste Akt des Prozesses gegen Mubarak endete in glühender Tageshitze. Aus Wut wollte niemand den zweiten sehen. Das Gerichtsstück war schlecht geschrieben, nämlich so, dass die Zuschauer von Anfang an das Ende kannten. »Sie versuchen ihn mit blütenreiner Weste da herauszubekommen«, sagte meine Freundin. »Der Wolf soll zum Unschuldslamm gemacht werden.«

Ich sagte zu ihr: »Falls die Welt von Macht und nicht von Gerechtigkeit regiert wird, siegt das Naturrecht über die Wahrheit. Dann muss die Gerichtsbarkeit vollkommen blind sein.«

Ich war nie eine Pessimistin. Sogar während der schlimmsten Depression sehe ich noch Licht, überkommt mich oft eine kindliche, unerklärliche Hoffnung. So sagte ich zu meiner Freundin, begeistert wie ein zehnjähriges Kind: »Die Revolution wird siegen – trotz aller Mächte im Himmel, hinter den Meeren und an der Stätte unserer Geburt. Die Macht der vereinigten Millionen Menschen wird siegen wie einst auf dem Tahrir-Platz. Oder hat sich damals jemand vorstellen können, dass die Gottheit abdanken oder den Dienst quittieren würde?«

Nawal El Saadawi (geb. 1931) ist eine ägyptische feministische Autorin, Romanschriftstellerin, Aktivistin, Ärztin und Psychiaterin; sie lebt in Kairo.

النيل الرقيقة , ينتشى جسدى وأقع فى الحب دون وعى , الحب يقع علينا تلقائيا كضربة القدر , ثم يتلاشى تلقائيا بضربة أشد , كم كاتبة انتحرت فى موسم الربيع ؟ فى الخريف أيضا تنتحر الكاتبات , تنتهى الحياة سريعا مثل الحلم , يأتى الشتاء , انه الفصل المفضل عندى , تقول صديقتى أننى امرأة شتوية , كأنما ولدت فوق قمة جبل ثلجى من أب غير حقيقى , هل الأب الحقيقى مجهول فى الشمال مثل الجنوب ؟,
,

كلما جاء الشتاء ينتابنى جوع غامض لشىء مجهول , غرفة كبيرة خاوية داخل شغاف القلب تحت ضلوعى تمتلىء فجأة بالدم , برودة الهواء تلامس سخونة دمى فى نعومة المعطف الصوفى الثمين يحوطنى , نار المدفأة اللذيذة وقزقزة الفستق وابو فروة مع رشفات النبيذ المعتق , لا يحن للحب فى الشتاء الا من يملكون البيوت المحكمة النوافذ والمعاطف الوثيرة من الصوف الثمين , والأشجار يقطعون منها فحم المدافىء , وحمامات البخار , (الساونا) وجلسات التدليك , ثم التمشية على الشاطىء تحت رذاذ المطر ,
,   ,   ,

انتهى الفصل الأول من محاكمة مبارك فى عز القيظ , لم يعد أحد ينتظر الفصل الثانى من شدة الغيظ , الرواية غير المتقنة أدبيا يعرف القراء نهايتها منذ البداية , وقالت صديقتى , أيرسمون لاخراجه بريئا كالشعرة من العجين؟ أو براءة الذنب من دم الحمل الوديع ؟ قلت لها يا صديقتى , اذا قام الحكم فى العالم على القوة وليس العدل فلا بد أن يطغى القانون الطبيعى على الحق , ولا بد أن تكون العدالة عمياء معصوبة العينين معطوبة الضمير ,

لم أكن متشائمة منذ الطفولة , فى قمة اليأس تضىء ومضات تفاؤل طفولى مجهول المصدر , قلت لصديقتى بحماس الطفلة فى العاشرة " الثورة ستنتصر رغم أنف القوى العظمى فى السماء وراء البحار وداخل مسقط الرأس , سوف تنتصر قوة الملايين المتحدة المنظمة كما انتصرت من قبل فى ميدان التحرير , وهل تصور أحد أن الاله يتنحى أو يستقيل؟

نوال السعداوى

القاهرة   3 أغسطس   2011

Nawal El Saadawi, original manuscript / Originalmanuskript

صديقتى تحسب عمرى وعمرها باليوم والساعة وأحيانا الدقيقة , قد تهتف فى نشوة وهى ترشف النبيذ المعتق : هذه اللحظة اللذيذة تساوى الثمانين عاما من حياتنا يا نونا , تنادينى نونا (حين تشرب النبيذ) كما سمعت أمى تنادينى , فى غير ذلك تمط شفتيها باسمى واسم جدى " السعداوى " الذى مات قبل أن أولد , ورثت اسمه دون ارادتى كما ورثت عجيزتى الثقيلة الموروثة عن الأسلاف ,

,

صديقتى كعادتها منذ الطفولة تنقل فى الكون فيروس المرح والبهجة , يتلاشى الورم فى صدرى يتضخم فى الليل , مع التقدم فى العمر يصبح الليل طويلا واللذة بعيدة كالنجوم , يمر من تحت الوسادة شريط حياتى , صوت أجش يشبه صوت ابليس يؤنبنى , أردت تغيير نظام الكون ؟ فقدت عمرك فى الكتابة ؟ خرجت من بطن أمك عجوزا تضحى بلذة الجسد من أجل سعادة العقل ؟ أى وهم ؟ تسمعنى صديقتى فترن ضحكتها المرحة وتقول : نحن عشنا ضعف ما هو مكتوب لنا ولأمهاتنا , أمك وأمى ماتت الاثنتان فى الشباب بتخمة الجنس ودسة عيال , ماتت الاثنتان أصغر منى ومنك بنصف قرن وعامين وعشرين دقيقة , انتصرنا أنا وأنت على الموت أكثر من أربعين عاما وخمسة أيام , تفوقنا بعشرين عاما ونصف على متوسط العمر فى مسقط رأسنا , ألا تفرحين يا نوال ؟

,

يغلبنى الضحك فرحا بما كسبت من العمر , صديقتى لا تنطق منذ طفولتها كلمة " الوطن " , تسميه " مسقط الرأس " , تشرح لى الفرق بين الكلمتين , " يسقط الرأس فى مكان لا نختاره لكننا نختار الوطن , وأين الوطن يا صديقتى ؟ " لا وطن للنساء من ذوات العقل " , وقالت صديقتى قبل أن تغلق التلفون : " حياة المرأة منا تبدأ بعد الثمانين وأربعين دقيقة , الليلة نحتفل بعيد ميلادك , عندى لك قصة حب جديدة " ,

,

كنت أعيش فى شقة صغيرة من غرفتين وصالة ومطبخ وحمام , تطل البلكونة على نهر النيل , تدخلها الشمس من كل النوافذ , تصبح الشمس نعمة فى الشتاء ونقمة فى الصيف , خاصة شهر أغسطس , دائما أقع فى الحب فى شهر أغسطس , لأكتشف فى شهر أكتوبر أنه لم يكن حبا , الحر الشديد فقط يلهب مؤخرتى فى الصيف وأنا جالسة أكتب , أصابتنى الكتابة بالشيخوخة منذ الطفولة وتقوست عظام الظهر , أنهض لأتمشى على الشاطىء تحت الشجر , يكون الحب ممكنا مع نسمات

سحابة بيضاء أو عمود من الدخان , لا يتبدى الاله للعين البشرية , تتطلب هيبة الفرعون أن يكون روحا تعلو فوق الجسد والعقل والحواس الخمس , لكن السحابة تتحرك قلبلا لتكشف نصف عين مبحلقة مهددة , أو نصف أنف مقوس مقدس , أو شفته السفلى المملوءة بنعيم الدنيا يمطها فى ازدراء للدنيا , ابتسامة ساخرة تفلت من زاوية عينه , كالروح القدس تحوم حول منخاريه المتسعين دهشة , مندهش لكل شىء وغير مندهش على الاطلاق , التناقض الطبيعى للآلهة فوق المحاسبة ,
,

لم تكن فى عينه نظرة متهم بقتل الآلاف ونهب البلايين وتجويع نصف الشعب وارهاب النصف الآخر , بل هى عين الاله الساهرة لا تنام , صاحب الخير والشر , يحيى ويميت , يعطى من يشاء من عباده ويحرم من يشاء من نعم الدنيا والآخرة ,

مؤلف رواية المحاكمة أرقده على سرير المرض , أدخله الى القفص وأخرجه على نقالة , لكن نظراته تفضح الخداع المسرحى , نظراته فرعونية تحكم علينا بالموت لو خرج براءة , قفص ذهبى يملك مفتاحه , (سرقوا الصندوق يا محمد لكن مفتاحه معايا) كأنما نحن المشاهدون المحكوم عليهم داخل القفص , نحن المحبوسون أمام الجهاز العتيق المدرب على التلفيق , نشهد المحاكمة كما نشهد تمثيلية رمضانية مكتوبة دون عناية , لمجرد التسلية فى شهر الصيام , ظهرت الدموع فى مآقى الشعب الوفى الأمين , يدين بالولاء والطاعة لصاحب الأمر والنهى , هتف صوت من الجماهير " الله معك " هتفت حشود مستوردة من السلفيين " عفى الله عما سلف "
,

تعمد المؤلف وجود كتاب الله فى المحكمة , يغفر الله الذنوب جميعا الا الشرك به , كان فخامته مؤمنا موحدا بالله , يصوم ويصلى فى الجامع يوم الجمعة وراء الشيخ الأكبر , مثل الرئيس المؤمن السادات , والملك الصالح فاروق الأول , خليفة المسلمين , غنت له أم كلثوم وعبد الوهاب , رفعه الكتاب العظام فى جريدة الأهرام الى مصاف الآلهة , حتى سقط فى ثورة 23 يوليو 1952 فأنزوله أرضا الى مصاف الشياطين , فعلوا الشىء نفسه مع عبد الناصر والسادات , ومبارك أيضا , تملقوه وحصلوا على جائزة مبارك الكبرى فى عيد الأدب والابداع , بعد ثورة 25 يناير 2011 هبطوا به من بطل النصر العظيم فى حرب أكتوبر المجيدة الى الدكتاتور سارق أموال الشعب مقنن الفساد قاتل المتظاهرين ,
,

,

حين أفقت من بقايا النوم اكتشفت أننى بلغت من العمر ثمانين عاما , اندهشت كثيرا ثم بدأت الدهشة تتلاشى بالتدريج مثل كل دهشة أخرى فى حياتى , تدربت على فقدان الدهشة فى طفولتى خوفا من فقدان عضو الشرف , كانت جدتى التركية المصرية تسمع الراديو منذ عمرى ثلاثة أعوام (الراديو كان أكبر منى بعامين) , تردد جدتى ما يقوله الراديو , تغنى معه ملك البلاد يازين يا فاروق يا نور العين , تنقل جدتى (عن الراديو) كل ما يقول , الله سبحانه فضل الرجال على النساء , لذلك خلق فى جسد البنات عضوا للشرف , أما الرجال فقد خلقهم الله بلا عضو للشرف ,
,
يدور فى عقلى سؤال بديهى : اذا كان الله يفضل الرجال عن البنات فكيف يحرمهم من العضو الشريف ؟

قبل أن أصحو تماما جاءنى صوتها فى التلفون , صديقتى "يسرية" منذ المدرسة الابتدائية , هى الوحيدة الباقية على قيد الحياة من زميلات الطفولة ,

متوسط العمر فى الوطن يقل عن عمرى وعمرها عشرين عاما ,

" محاكمة مبارك يا نوال افتحى التلفزيون ؟

الأربعاء 3 أغسطس التاسعة صباحا , أيقظنى صوتها من النوم , فتحت التلفزيون , كنت أعرف أنه معطل بقوة ما , لكنه يعود فجأة الى الحياة بقوة أخرى , يسير تلفزيون الدولة بقوة سماوية أعلى , تمتلىء الشاشة بالأضواء والضجيج والتراب , وجوه كثيرة لا وجوه لها , أبحث عن وجه الاله الأوحد ؟ هل يمكن محاكمته ؟ مبارك ؟ فى ميدان التحرير خلال الأيام الأولى للثورة (من 25 يناير حتى 11 فبراير) , امتلأ الجميع بالشك " هل يتنحى ؟ مبارك ؟ هل يمكن للاله أن يقدم استقالته ؟ ,

منذ خمسة أعوام (فى صيف 2006) نشرت مسرحية بعنوان " الاله يقدم استقالته فى اجتماع القمة " , دفعت من أجلها ثلاثة أعوام بائسة فى المنفى , وخمسة وأربعين عاما من زواج أكثر بؤسا , وقضية فى المحكمة ملفقة لسحب الجنسية المصرية منى , أثبت المحامى لحسن حظى أن الاله فى المسرحية ليس هو فخامة الرئيس مبارك , وصدر قرار المحكمة ببراءتى بعد عامين فى مايو 2008 ,
,,
أبحث من بين القضبان عن وجه فخامته , لكنه يتخفى مثل الآلهة وراء

المعبود , له عين واحدة مفتوحة دون جفون أو رموش , ساهرة على الشعب لا تنام , , , ,

فتحت جفونى بذعر حيوان ضربوه فى الظهر , بلولة لها رائحة دمى تغرقنى وقميص نومى وملاءة سريرى , الفرق بين جفونى المغلقة وجفونى المفتوحة يتلاشى , ومعه عبء الخوف الطفولى من الجحيم بعد الموت والرغبة المزمنة منذ حواء فى تذوق اللذة المحرمة , ,

أفقت من غيبوبة النوم على صوت صديقتى عبر التلفون ' " المحاكمة يا نوال افتحى التلفزيون ؟ " ,

التلفزيون معطل منذ عصر الانفتاح , مركون فى غرفة الفئران , يصطاد التراب والعناكيب , حاولت اصلاحه فى عصر الديموقراطية دون جدوى , ضمير الطبقة العاملة أصبح ميتا مثل ضمير الطبقة الحاكمة , يأتى العامل الى بيتى يحمل لقب باشمهندس وحقيبة أمريكية تلمع كالشمع , يطلب ضعف الأجر ثلاث مرات لاجراء الاصلاحات , بأصابع سحرية تدب الحياة فى الجهاز الميت , ما أن يختفى حامل الحقيبة واللقب البراق حتى يعود الجهاز الى الموات , , , , , ساورنى احساس أننى السبب وراء فساد الجهاز والمكان والزمان , منذ الولادة أتصور أننى السبب وراء أى خطأ فى الكون أو فى النظام الحاكم , قطعوا باسكين عضوا من جسدى فى الطفولة , تصورت أنها خطيئتى , الاثم المكتوب فى اللوح المحفوظ , فعلته فى حياتى أو خارج حياتى بيدى أو بيد القدر , , , ,

كنت أعلق أخطائى كلها على القدر , بصفته الأقوى منى وكل البشر , , ,

تسرب الى جسدى وعى طفولى مجهول المصدر , أننى جئت الى الدنيا فى الزمن الخطأ والمكان الخطأ , كان المكان يحمل اسم الوطن المقدس , والزمان مقدسا أكثر يحمل اسم الله , خطيئتى الكبرى أن لا شىء كان يبدو مقدسا لعين الطفلة , تدربت على التكفير عن خطيئتى بالامتناع عن الأكل والشرب والجنس , أو أى لذة ينتشى لها جسدى أو عقلى , أما لذة الروح فكانت مباحة باسم " السعادة " (ليست اللذة) , السعادة شعور خارج الجسد والعقل والمكان والزمان , أى غير موجودة بالمعنى الأدق , , ,

----

يوم محاكمة مبارك

القاهرة 3 أغسطس 2011

بقلم

نوال   السعداوى

فى الفراش أرقد مفتوحة العينين والدنيا ظلام , ليلة حارة مشبعة
بالرطوبة والتراب , أحاول فى العتمة أن أحدد أين أكون ,

ذكريات حزينة متراكمة

منذ زمن مجهول , مع ومضات فرح طفولى غامض ليس
له سبب , يدى النائمة تبحث عن اللمبة , الكهرباء مقطوعة ,
وسائل الرؤية اللامرئية عبر القمر الصناعى تم قطعها أيضا , بأمر فخامة
الرئيس الأعلى محمد حسنى مبارك , صدر قراره العسكرى المقدس فى
الخفاء , تعاونت معه السماء فاختفى القمر الطبيعى والنجوم تحت
السحابة السوداء , لها لون الرصاص المتجمد , أو القطران السائل (الزفت
باللغة العامية) , يسيح الزفت مع الأسفلت فى الشوارع تحت لهيب
الشمس , يخلطونه بالصلصة المستوردة فى علب الطعام , منذ الرئيس محمد
أنور السادات , يسمى حاكم مصر نفسه باسم محمد , ليصبح النبى
الكريم أو الاله المعصوم فوق القانون , ويسمى نفسه أيضا الأب الكبير
للعائلة المقدسة ,
,,

جرس يلهث فى أذنى برنين خافت , يدى نصف
نائمة لا تصل الى التلفون فوق الكوميدينو بجوار السرير ,

,

ضوء معتم يتسلل من شقوق القبة السماوية , يطل من بينها رأس
عجل , يحمل فى عصر رمسيس الأكبر اسم "أبيس" , الاله

100 Notes – 100 Thoughts / 100 Notizen – 100 Gedanken

Nº048: Nawal El Saadawi
The Day Mubarak Was Tried /
Der Tag, an dem Mubarak der Prozess gemacht wurde /
يوم محاكمة مبارك

dOCUMENTA (13), 9/6/2012 – 16/9/2012
Artistic Director / Künstlerische Leiterin: Carolyn Christov-Bakargiev
Member of Core Agent Group, Head of Department /
Mitglied der Agenten-Kerngruppe, Leiterin der Abteilung: Chus Martínez
Head of Publications / Leiterin der Publikationsabteilung: Bettina Funcke

Managing Editor / Redaktion und Lektorat: Katrin Sauerländer
Editorial Assistant / Redaktionsassistentin: Cordelia Marten
German Copyediting / Deutsches Lektorat: Rea Triyandafilidis
English Copyediting / Englisches Lektorat: Claire Barliant
English Proofreading / Englisches Korrektorat: Sam Frank
Translations / Übersetzungen: Amira Nowaira, Kristina Bergmann
Graphic Design and Typesetting / Grafische Gestaltung und Satz: Leftloft
Typeface / Schrift: Glypha, Plantin, Adobe Arabic
Production / Verlagsherstellung: Christine Emter
Reproductions / Reproduktionen: weyhing digital, Ostfildern
Paper / Papier: Pop'Set, 240 g/m², Munken Print Cream 15, 90 g/m²
Manufacturing / Gesamtherstellung: Dr. Cantz'sche Druckerei, Ostfildern

Illustrations / Abbildungen: p. / S. 1: Students on deck of Chalet III (Farrally Hall) /
Studenten auf der Terrasse des Chalet III (Farrally Hall), The Banff Centre, 1956
(detail / Detail), courtesy Paul D. Fleck Library & Archives at The Banff Centre;
p. / S. 2: © AFP/Getty Images

documenta und Museum Fridericianum
Veranstaltungs-GmbH
Friedrichsplatz 18, 34117 Kassel
Germany / Deutschland
Tel. +49 561 70727-0
Fax +49 561 70727-39
www.documenta.de
Chief Executive Officer / Geschäftsführer: Bernd Leifeld

Published by / Erschienen im
Hatje Cantz Verlag
Zeppelinstrasse 32, 73760 Ostfildern
Germany / Deutschland
Tel. +49 711 4405-200
Fax +49 711 4405-220
www.hatjecantz.com

ISBN 978-3-7757-2897-3 (Print)
ISBN 978-3-7757-3077-8 (E-Book)

Printed in Germany

Gefördert durch die

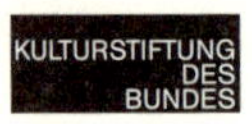

funded by the German Federal
Cultural Foundation